DORIS IDING

ÄNGSTE ÜBERWINDEN

Mein Übungsbuch für mehr Optimismus & Gelassenheit

DIE GU-QUALITÄTSGARANTIE

Wir möchten Ihnen mit den Informationen und Anregungen in diesem Buch das Leben erleichtern und Sie inspirieren, Neues auszuprobieren. Bei jedem unserer Produkte achten wir auf Aktualität und stellen höchste Ansprüche an Inhalt, Optik und Ausstattung. Alle Informationen werden von unseren Autoren und unserer Fachredaktion sorgfältig ausgewählt und mehrfach geprüft. Deshalb bieten wir Ihnen eine 100 %ige Qualitätsgarantie.

Darauf können Sie sich verlassen:
Wir legen Wert darauf, dass unsere Gesundheits- und Lebenshilfebücher ganzheitlichen Rat geben. Wir garantieren, dass:
• alle Übungen und Anleitungen in der Praxis geprüft und
• unsere Autoren echte Experten mit langjähriger Erfahrung sind.

Wir möchten für Sie immer besser werden:
Sollten wir mit diesem Buch Ihre Erwartungen nicht erfüllen, lassen Sie es uns bitte wissen! Wir tauschen Ihr Buch jederzeit gegen ein gleichwertiges zum gleichen oder ähnlichen Thema um. Nehmen Sie einfach Kontakt zu unserem Leserservice auf. Die Kontaktdaten unseres Leserservice finden Sie am Ende dieses Buches.

GRÄFE UND UNZER VERLAG. *Der erste Ratgeberverlag – seit 1722.*

KGS

INTENSITÄTSGRADE DER ÜBUNGEN

★ ★ ★ leicht, geht ruckzuck

★ ★ ★ mittelschwer, dauert nicht so lange

★ ★ ★ anspruchsvoll, benötigt etwas mehr Zeit

BEVOR ES LOSGEHT

Ängste gehören zum Leben. Jeder Mensch kennt sie: Angst davor, das Klassenziel nicht zu erreichen. Angst vor dem ersten Kuss. Angst vor dem Verlust des Arbeitsplatzes. Angst vor Krankheiten und natürlich die Angst vor dem Tod.

In einem gesunden Maß hat Angst eine Signalfunktion und schützt damit vor Gefahren. Ungut wird es, sobald Ängste den Großteil der Aufmerksamkeit beanspruchen. Wenn Ängste dir das Vertrauen ins Leben, in die Liebe oder in die Zukunft rauben, kann dieses Buch dich darin unterstützen, sie abzufedern, sie zu reduzieren oder auch mit ihnen zu leben – und vielleicht ist es auch ein erster Schritt, sie ganz zu überwinden. Du lernst mit den Übungen, Gegenkräfte wie Mut, Gelassenheit, Vertrauen, Selbstvertrauen, Hoffnung, Demut, Glauben und Liebe zu entwickeln und zu kultivieren. Diese kannst du deinen Ängsten entgegensetzen. Mut entwickelst du, indem du der Angst ins Gesicht schaust oder in realen Situationen zu den inneren Orten in dir gehst, die du bislang gefürchtet und eventuell gemieden hast. Vertrauen gewinnst du, indem du nach den Wurzeln der Angst suchst. Dadurch verliert sie an Macht – und in dir wachsen Gelassenheit und Selbstvertrauen. Nicht zuletzt kannst du im bewussten Umgang mit deinen Ängsten dein Leben überdenken und die Umstände, die in dir Ängste auslösen, verändern.
Die Übungen ermöglichen dir einen Perspektivenwechsel. Mache diejenigen, die dir weiterhelfen, immer wieder. Umso weniger wirst du in Zukunft mit alten Automatismen reagieren. Dein Blick wird sich weiten und du kannst deine Ängste mit Abstand betrachten. Du wirst neue Qualitäten in dir entdecken und zu mehr Lebensfreude finden. Du wirst Kräfte spüren, von denen du nicht geahnt hast, dass sie in dir sind. Die Weisheitsgeschichten, die ich immer wieder eingestreut habe, können dich auf deinem Weg bestärken.
Bei dieser Entdeckungsreise wünsche ich dir viel Freude!

D. Joding

DEIN PERSÖNLICHES ZIEL

Schreibe spontan auf, warum genau du dir dieses Buch gekauft hast und welche Ängste du kurzfristig (k), mittelfristig (m) und langfristig (l) gern überwinden möchtest – zum Beispiel: wieder mit dem Zug fahren (k), stressresistent werden (l) – beziehungsweise mit welchen du über kurz oder lang besser klarkommen willst.

Dieses Buch habe ich mir gekauft, weil ...

– –

Mit diesen Ängsten möchte ich lernen zu leben
Schreibe eine bis drei Ängste auf, mit denen du besser klarkommen möchtest.

1. –

2. –

3. –

Diese Ängste möchte ich überwinden
Schreibe eine bis drei Ängste auf, die du gern loswerden willst. Vergiss nicht, hier bei jeder den zeitlichen Rahmen (k, m oder l) zu notieren!

1. –

2. –

3. –

TRIFF EINE ENTSCHEIDUNG

Im Umgang mit Ängsten gibt es nur zwei Wege: Entweder es bleibt alles so, wie es ist, und du kapitulierst vor deinen Ängsten. Damit überlässt du ihnen die Regie und beschränkst deine Gestaltungsmöglichkeiten im Leben erheblich. Oder du stellst dich deinen Ängsten, ergründest sie und lernst, mit ihnen anders umzugehen, sie im besten Fall sogar zu überwinden. So kannst du dein Leben wirklich ausschöpfen und es genießen!

Die Entscheidung im Umgang mit deinen Ängsten kann dir niemand abnehmen. Das Zünglein an der Waage scheint in Richtung des zweiten Weges zu gehen, denn sonst hieltest du nicht dieses Buch in Händen. Wenn du wirklich bereit bist, dich deinen Ängsten zu stellen, solltest du dir regelmäßig eine bestimmte Zeit dafür einrichten! Gewohnheiten und Denkmuster zu verändern – und darum geht es bei Ängsten –, braucht schon eine Weile. Aber es lohnt sich! Gib dir selbst ein Versprechen:

Ich, _ _ _ _ _ _ _ _ _ _ _ _ _ _ _ , nehme mir hiermit vor, mich

◯ täglich

◯ einmal pro Woche

◯ am Wochenende

mit meinen Ängsten auseinanderzusetzen. Ich möchte sie ergründen, etwas ändern und mir auf diese Weise ein selbstbestimmtes, erfülltes Leben ermöglichen.

_ _

Ort   Datum   Name

ANGST – WANN WIRD ES KRITISCH?

Um ein paar Basisinformationen zum Thema kommst du nicht herum. Bitte lies sie, ebenso den Infokasten auf der gegenüberliegenden Seite. Überlege dir dann, wo du dich am ehesten siehst.

Angst ist eine biologisch äußerst sinnvolle Reaktion auf eine Bedrohung oder mögliche Gefahr. Sie setzt Energie frei für Kampf oder Flucht und sorgt dafür, dass wir Situationen vermeiden, die gefährlich oder riskant sind.

Im Lauf der Evolution haben wir besonders Ängste vor Tieren wie vor Schlangen oder Säbelzahntigern entwickelt. Unsere Lebensumstände haben sich aber mittlerweile entscheidend geändert. Und trotzdem haben viele Menschen mehr Angst vor Spinnen als vor Rasiermessern.

Ganz wichtig!

Zögere im Falle einer schweren Angsterkrankung bitte nicht, dich an einen Therapeuten beziehungsweise eine Therapeutin zu wenden, der/die gut ausgebildet ist und über fundierte Erfahrungen mit Angststörungen verfügt. Je länger du damit wartest, desto mehr läufst du Gefahr, dass die Ängste chronisch werden. Wenn du dir nicht sicher bist, halte dich an die Worte von Professor Dr. Borwin Bandelow, Experte für Angststörungen: »Wer mehr als den halben Tag über seine Angst nachdenkt oder anfängt, berufliche oder private Entscheidungen nach seiner Angst auszurichten, wer zum Beispiel eine Beförderung ablehnt, weil er dann so viel mit fremden Leuten sprechen müsste, oder sich ohne den Partner nicht mehr in den Supermarkt traut, der sollte zum Psychiater gehen.«

Auf Seite 8 findest du für den Notfall eine »Sofortstrategie bei Panikattacken«. Immer gut tun Übungen wie »Den Garten umgraben« (Seite 16) und »Augen auf!« (Seite 73). Wann immer dich wieder eine Angst beschleicht, kannst du dich damit erden.

PHOBIE, GENERALISIERTE ANGSTSTÖRUNG, PANIKSTÖRUNG

Beziehen sich Ängste auf etwas, was objektiv betrachtet ungefährlich ist, wie etwa (ungiftige) Spinnen, fremde Menschen oder Zugfahren, und schränken sie unsere Lebensqualität oder unseren Alltag erheblich ein, gelten sie als pathologisch. Rund 15 Prozent der Bevölkerung leiden einmal im Leben an einer solchen Erkrankung, Tendenz steigend! Zu den häufigsten Formen schwerwiegender Ängste zählen:

Phobie: Ängste werden durch harmlose Objekte oder Situationen hervorgerufen, wie zum Beispiel durch die schon erwähnten Spinnen. Sie werden entweder gemieden oder ertragen. Eine Phobie äußert sich von leichtem Unbehagen bis hin zu panischer Angst und kann das Leben des Betroffenen erheblich einschränken. Eine Phobie ist klar abgegrenzt. Man hat zum Beispiel eben Angst vor Spinnen, nicht aber vor Vögeln oder Käfern.

Generalisierte Angststörung: Wer betroffen ist, leidet unter verallgemeinerten und anhaltenden Ängsten, die sich nicht auf eine bestimmte Situation oder Sache beschränken. Die Symptome reichen von ständiger Nervosität, Zittern, Muskelspannung, Herzklopfen bis zu Oberbauchbeschwerden. Der Betroffene befürchtet, dass er selbst oder ein ihm nahestehender Mensch bald stirbt oder verunglückt oder dass sich ein Schicksalsschlag ereignet. Diese Ängste können mehrere Tage, Wochen, Monate oder Jahre anhalten und werden als ein diffuses Gefühl erfahren.

Panikstörung: Als solche bezeichnet man Angstattacken, die unabhängig von einer bestimmten Situation passieren. Sie können aus heiterem Himmel überall auftreten. Panikattacken dauern meist nur wenige Minuten. Danach verlässt der Betroffene fluchtartig den Ort. Menschen, die unter Panikattacken leiden, haben häufig Angst davor, eine weitere Panikattacke in der Öffentlichkeit zu bekommen. Dadurch entsteht »Angst vor der Angst«.

Die Symptome einer Panikattacke können ganz unterschiedlich sein. Typisch ist der plötzliche Beginn mit Herzklopfen, Brustschmerz, Erstickungsgefühlen, Schwindel und Entfremdungsgefühlen. Damit einher geht häufig die Angst zu sterben, wahnsinnig zu werden oder die Kontrolle zu verlieren.

SOFORTSTRATEGIE BEI PANIKATTACKEN

➤ Hier zunächst die sogenannte Tütenatmung, die du anwenden kannst, wenn es brenzlig wird und du eine Panikattacke aufziehen spürst:

- Nimm eine Papier- oder Plastiktüte und atme in diese hinein. So atmest du die verbrauchte Luft wieder ein und es gelangen größere Mengen an Kohlendioxid ins Blut. Auf diese Weise entsteht wieder die notwendige Balance zwischen Sauerstoff und Kohlendioxid, die es braucht, damit du dich entspannen kannst.
- Wenn du keine Tüte zur Hand hast, atme in den eigenen Jacken- oder Pulloverärmel. Das ist unter Umständen ausreichend.

➤ Wenn du hyperventilierst:

- Sobald du merkst, dass du hyperventilierst, setze dich hin oder lehne dich irgendwo dagegen, halte nach dem Ausatmen den Atem an und zähle bis fünf. Bei fünf angekommen sage dir ganz ruhig: Entspanne dich! Atme langsam durch die Nase 3 Sekunden ein und 3 Sekunden aus. Sage dir bei jedem Ausatmen: Ganz ruhig!
- Nach zehn Atemzügen hältst du den Atem erneut an und zählst dabei wieder bis fünf. Dann atme wieder 3 Sekunden ein und 3 Sekunden aus und sage dir ausatmend: Ganz ruhig!
- Fahre im gleichen Rhythmus fort, bis die Hyperventilation vorüber ist.

➤ Trainiere diese Übung, weil es dann leichter ist, sie im Falle einer Panikattacke einzusetzen.

ERFORSCHE DEINE ANGST

Greife aus der Liste von Seite 4 eine Angst heraus, der du als Erstes deine Aufmerksamkeit schenken willst.

Meine Angst _

_ _

Wie ist es jetzt, wenn du an diese Angst denkst?

_ _

_ _

_ _

_ _

Kannst du dich daran erinnern, wie es war, als du diese Angst zum ersten Mal bewusst wahrgenommen hast?

_ _

_ _

_ _

_ _

Erde dich ganz bewusst, indem du dich auf deine Füße konzentrierst und tief ein- und ausatmest (siehe Übung zum Erden auf Seite 41).

ZUM INTENSIVIEREN DER ÜBUNGEN

Du kannst die folgenden fünf Schritte, wenn du willst, jeder Übung voranstellen. Die Übungen haben dann einen intensiveren Effekt. Aber selbstverständlich lassen sich alle Übungen in diesem Buch genauso gut ohne diese Vorbereitung durchführen.

Unser Reptiliengehirn hat die Aufgabe, den Horizont die ganze Zeit nach Gefahren abzusuchen. Das hat damit zu tun, dass wir früher in der freien Wildbahn gelebt haben. Da war das überlebensnotwendig. Die äußeren Umstände haben sich geändert. Trotzdem ist unser Gehirn weiter auf Alarm eingestellt.

Die fünf Schritte sind eine wirkungsvolle Unterstützung, um dem Gehirn – und damit dem ganzen Körper – zu vermitteln: Es gibt keine Gefahren! Du kannst dich entspannen! Außerdem stärken sie das Nervensystem.

➤ Schritt 1: Formuliere eine Absicht für deine Übung

Zum Beispiel kannst du sagen: Möge diese Übung meine Angst besiegen. Indem du das machst, werden bestimmte Regionen im Frontallappen des Gehirns dazu angeregt, diese orientierende und vorbereitende Nachricht an das gesamte Gehirn zu schicken und dafür zu sorgen, dass ein entspannter Zustand im ganzen Organismus erreicht wird.

➤ Schritt 2: Entspanne deinen Körper

Du kannst zum Beispiel bis vier zählen und dabei einatmen. Beim Ausatmen zählst du bis acht. Halte nach jedem Ausatmen inne und erlebe, wie die Anspannung aus deinem Körper weicht.

Die Entspannung des Körpers aktiviert den Parasympathikus. Er ist im Nervensystem der beruhigende Gegenspieler zum Sympathikus, der auf Angriff oder Flucht programmiert ist.

➤ Schritt 3: Stelle dir einen sicheren Ort vor

Gemeint ist ein Ort, an dem du dich ganz sicher fühlst. Es kann aber auch die Gegenwart von Menschen sein, die dir Sicherheit vermitteln und es dir somit ermöglichen, die Aufmerksamkeit nach innen zu richten und dich zu entspannen.

➡ Schritt 4: Vergegenwärtige dir positive Gefühle

Versuche, dich mit einem positiven Gefühl zu verbinden: Mitgefühl, Frieden oder Dankbarkeit für all die positiven Dinge, die in deinem Leben passieren, oder auch die tiefe Liebe zu einem Menschen oder zu einem Tier. Wenn du solche Gefühle aktivierst, hat das eine wohltuende Wirkung auf dein ganzes Nervensystem sowie auf dein geistiges und körperliches Wohlbefinden.

Nice to know!

EIN BISSCHEN GEHIRNCHEMIE

Positive Gefühle stärken nachweislich die Ausschüttung von Dopamin. Es ist dafür zuständig, dass wir nicht auf jeden neuen Reiz reagieren. Dadurch können wir uns besser auf das, was wir gerade tun, konzentrieren. Die energetisierende Wirkung von positiven Gefühlen regt darüber hinaus die Produktion eines weiteren Neurotransmitters an, des Noradrenalins. Er belebt den Geist und heitert ihn auf. Dopamin und Noradrenalin versetzen das Gehirn in die Bereitschaft, die positiven Auswirkungen der Übungen aufzunehmen, was sich wiederum auf den gesamten Organismus auswirkt.

➡ Schritt 5: Sei offen für die positive Auswirkung

Mache dir ganz klar, wie inspirierend, heilend, wohltuend und nährend die jeweilige Übung für dich ist. Versuche, dich wirklich umfassend dafür zu öffnen. Stelle dir vor, dass sie sich positiv auf dein Gehirn, deinen Körper und deinen Geist auswirkt.

BIETE DEINER ANGST DIE STIRN

Nimm dir wieder die Angst vor, die du auf Seite 9 beschrieben hast. Jetzt geht es darum, ihr die Stirn zu bieten. Warum? Mit den Worten von Antoine de Saint-Exupéry: »Nur das Unbekannte ängstigt den Menschen. Sobald man ihm die Stirn bietet, ist es schon kein Unbekanntes mehr.«

▶ *Sprich mit den Symptomen, die deine jeweilige Angst kennzeichnet.*
In etwa so: »Hallo! Da bist du ja wieder, mein Herzklopfen / mein Schwindel / mein ... Tobe dich ruhig aus! Komm schon. Ich weiß ganz genau, dass du mir nichts anhaben kannst. Ich werde weder ohnmächtig, noch kippe ich um! Ich bin gesund. Also komm schon!«
Natürlich kannst du deine eigenen Worte wählen, ganz wie es dir für die betreffende Angst angemessen erscheint. Beobachte, wie es dir dabei geht, was du in dem Moment empfindest, in dem du so mit deiner Angst redest. Schreibe deine Erfahrungen auf.

Meine Angst _

_ _

_ _

_ _

_ _

_ _

_ _

_ _

_ _

WIE SÄHE DEIN LEBEN OHNE ÄNGSTE AUS?

Stelle dir das einmal vor! Nimm dir dafür ein wenig Zeit und lasse die inneren Bilder auf dich wirken.

➤ Schreibe dann auf, was du in diesem angstfreien Leben alles an schönen Dingen tun würdest.

Zum Beispiel: Ich würde allein nach Rom reisen, einmal in die Oper gehen, jene Freundin anrufen, mit der ich vor zehn Jahren gebrochen habe ...

_____

_____

_____

➤ Was würde sich ändern, wenn du keine Ängste mehr hättest?

Zum Beispiel: Ich müsste Verantwortung für mein Handeln übernehmen, auch mal Kritik einstecken, die Bewunderung anderer ertragen, Mut aufbringen, wenn ich meine Ziele durchsetze ...

_____

_____

_____

ERST MAL KLARHEIT GEWINNEN

Je bewusster du dir deiner Ängste wirst, umso besser bekommst du sie in den Griff. Auf diesen beiden Seiten geht es nur darum, mehr über dich selbst zu erfahren. Auch davon wirst du selbstverständlich profitieren. Und es kann der Ausgangspunkt sein, um etwas zu verändern.

➤ Welche Situationen sind für dich belastend?

Trage bei jeder Situation ein, wie oft du sie vermeidest (nie, manchmal, oft) und wie viel Angst du hättest, wenn du dich ihr aussetzen würdest (fast keine, mittelmäßige, starke Angst). Wenn es Situationen gibt, die hier nicht aufgeführt sind, schreibe sie in die Tabelle.

Situation	Ich vermeide die Situation nie (n) / manchmal (m) / oft (o)	Die Situation bereitet mir fast keine (fk) / mittelmäßige (m) / starke (s) Angst
fliegen		
verreisen		
im Supermarkt einkaufen		
vor anderen sprechen		
eine feste Beziehung		
über Brücken gehen/fahren		
Menschenmengen		
geschlossene Räume		

Situation	Ich vermeide die Situation nie (n) / manchmal (m) / oft (o)	Die Situation bereitet mir fast keine (fk) / mittelmäßige (m) / starke (s) Angst
allein sein		
Treffen mit anderen Menschen		
die gewohnte Umgebung für mehrere Tage verlassen		

➤ Kreuze an, welche körperlichen Symptome du im Zusammenhang mit Situationen kennst, die dir Angst bereiten:

◯ inneres Flattern   ◯ Übelkeit   ◯ Durchfall

◯ Kurzatmigkeit   ◯ Herzklopfen   ◯ Druck auf der Brust

◯ Gefühl von Schwindel   ◯ Kälte- oder Hitzeempfinden   ◯ Kopfschmerzen

◯ _

➤ Es gibt einen Weg aus der Angst. Auch du kannst ihn gehen!

DEN GARTEN UMGRABEN

Wenn uns die Angst überkommt, verengt sich die Sichtweise. Mit diesem Tunnelblick kann die Angst allerdings noch größer werden. Deshalb ist es so wichtig, in solchen Momenten die Aufmerksamkeit sofort auf etwas anderes zu lenken. Am besten natürlich auf Dinge, die uns mit Freude erfüllen: zum Beispiel indem man sich der Gartenarbeit widmet. Der Kontakt mit der Erde, mit Blumen, Pflanzen oder Bäumen kann bei angstvollen Gedanken wahre Wunder wirken. Besitzt du oder deine beste Freundin einen Garten, eine Terrasse oder einen Balkon? Graben, jäten, Rasen mähen, Blumen umtopfen oder gießen, das alles bringt dich weg von angstvollen Gedanken über schlimme Dinge, die in der Vergangenheit passiert sind oder in der Zukunft geschehen könnten, hin zum gegenwärtigen Moment und vor allem in deinen Körper. Hier und jetzt.

➤ Probiere es aus und schreibe deine Erfahrungen damit auf:

DER HONIGSÜSSE BIENENATEM

Diese Atemübung stammt aus Indien und kann dich darin unterstützen, ruhig und gelassen zu bleiben – oder wieder zu werden. Bhramari wird in Indien eine große Biene genannt, die bevorzugt Rosen zum Nektarsammeln anfliegt. Tatsächlich beruhigt diese Übung. Und sie versetzt den ganzen Körper in Schwingung. So kannst du die Aufmerksamkeit weg von der Angst hin zum honigsüßen Atem lenken.

- Komme in einen aufrechten und bequemen Sitz und lege die Hände auf die Knie oder in den Schoß. Entspanne dich und lausche deinen Atemzügen.
- Beginne tief, ruhig und gleichmäßig zu atmen. Versuche, beim Ausatmen wie eine Biene zu summen. Lege dabei die Lippen sanft aufeinander und entspanne den gesamten Mundbereich. Lasse den inneren Mundraum ganz weit werden. Deine Zunge ruht auf dem Mundboden. Atme auf diese Weise einige Male.
- Verändere nach einer Weile die Atmung: Atme hörbar und kraftvoll durch die Nase ein und leise summend und sanft aus. Wiederhole auch dies mehrere Male. Achte darauf, dass du nicht zu schnell atmest, weil du sonst Gefahr läufst, dass dir schwindelig wird.
- Atme dann ganz normal weiter. Verweile bei geschlossenen Augen in der Haltung und lasse das Summen nachklingen. Nimm die Empfindungen wahr, die es in dir ausgelöst hat. Verbinde dich mit dem Gefühl heiterer Gelassenheit und verankere diese Stimmung in jeder Zelle deines Körpers, damit die Angst dort keinen Platz mehr hat.

SOZIALE ÄNGSTE ERKENNEN UND ÜBERWINDEN

Um Ängste zu überwinden, muss man sie erst einmal erkennen. Jetzt geht es um soziale Ängste, also Ängste, sich »hinaus« in die Gesellschaft zu begeben, mit anderen Menschen in Kontakt zu kommen, allein in ein Restaurant zu gehen, wo man von Leuten gesehen werden könnte, die einen kennen, und so weiter. Angst, ein Referat vor Freunden zu halten oder einen Geldschein zu wechseln, ohne etwas zu kaufen – solche Ängste sind verbreiteter, als man meinen möchte.

➤ Welches sind deine größten sozialen Ängste?

Mache eine Liste mit deinen 10 größten Ängsten in sozialen Situationen und arbeite sie mit einem Lächeln auf den Lippen ab! Fange mit den einfacheren Ängsten an und stelle dich der jeweiligen Situation. Du wirst sehen, dass das, wovor du Angst hast, nicht so schlimm ist, wie du befürchtet hast. Ja, sogar im Gegenteil: Sozial kompetent zu sein, kann viel Freude bereiten und das Leben noch lebenswerter machen!

1. _____

2. _____

3. _____

4. _____

5. _____

6. _____

7. _____

8. _____

9. _____

10. _____

ATMEN UND ZÄHLEN

Hast du Angst beim Starten oder Landen eines Flugzeugs? Um dir den Stress zu ersparen, kannst du bereits vorher eine hilfreiche Atemübung machen. Sie aktiviert den Parasympathikus – also jenen Teil im Nervensystem, der für die Entspannung zuständig ist.

- Setze dich aufrecht hin. Verteile das Gewicht gleichmäßig auf beide Füße.
- Hebe einatmend in Gedanken die Arme.
- Ausatmend bringst du die Arme in Gedanken wieder zurück neben den Körper.
- Am Ende der Ausatmung halte den Atem nach Möglichkeit 6 bis 10 Sekunden lang an. Zähle dabei in Gedanken von 1001 bis 1006 oder bis 1010. Überprüfe, welche Zeitspanne für dich angenehm ist.
- Wiederhole den Vorgang zwei bis drei Minuten: Einatmen. Gedanklich die Arme heben. Ausatmen. Gedanklich die Arme senken. Luft anhalten und dann wieder von 1001 bis 1006 oder 1010 zählen.

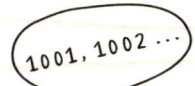

 ## GIB DEINER ANGST EIN GESICHT

Kannst du eine deiner Ängste malen? Du sollst hier selbstverständlich kein Meisterwerk schaffen, darum geht es überhaupt nicht. Male einfach spontan drauflos, lasse sozusagen unter deinen Händen ein Bild deiner Angst entstehen. Das können einfach nur Farbkompositionen sein oder Strichmännchen – was dir gerade einfällt.

Wenn du deine Angst gemalt hast, dann tritt in ein Zwiegespräch mit ihr ein und frage sie, was sie von dir braucht, damit du dich entspannen kannst.

DU KANNST MEHR, ALS DU DENKST

Hast du Angst vor Hunden? Dann ist es Zeit, eine Hundeschule in deiner Nähe zu besuchen. Vielleicht kannst du dort einmal bei einer Spielstunde für Welpen zuschauen oder eine Gruppe von Hundebesitzern auf einem Spaziergang begleiten. Lasse dir währenddessen gleich von der Hundetrainerin die Sprache der Hunde erklären und dir so einen angstfreien Umgang mit den großen und kleinen Vierbeinern eröffnen. Dann wirst du möglicherweise auch erleben, dass du manches am Hundeverhalten als gefährlich verkannt hast, weil du aus Unwissenheit Signale fehlgedeutet hast. In einer Hundeschule kannst du einen selbstsicheren Umgang mit Hunden erlernen. Und bist künftig entspannter, wenn dir ein Hund über den Weg läuft.

Wenn es nicht Hunde sind, die dir Angst machen, sondern etwas anderes – wie kannst du dich, eventuell nach und nach, in Situationen begeben, in denen du damit konfrontiert bist?

Schreibe auf, welche positiven Erfahrungen du gemacht hast, nachdem du dich deiner Angst gestellt hast.

21

SUCHE DIR WEGGEFÄHRTEN

Halte dir vor Augen, dass du mit deinen Ängsten nicht allein bist. Sie sind in unserer Gesellschaft sehr verbreitet. Tausche dich mit Freunden oder Familienangehörigen über das Thema aus und frage sie nach ihren Strategien, die sie im Umgang mit Ängsten anwenden. So wie du ihnen können sie sicherlich auch dir hilfreiche Tipps geben. Notiere, was dir besonders nützlich erscheint:

GENIESSE EINEN APFEL!

Ein simpler Apfel kann dich von deinen Ängsten wegbringen! Iss also einen Apfel und kaue ihn ganz bewusst – Bissen für Bissen acht- bis fünfzehnmal, bevor du ihn runterschluckst.

Kauen reduziert erwiesenermaßen Stress und ist auch beim Abbauen von Angst sehr hilfreich. Für den Notfall kannst du auch ein Paket Kaugummis in deine Tasche stecken und bei Bedarf einen davon einschieben.

➤ Schreibe auf, welche Geschmacksnuancen du erlebst:

_____

_____

_____

WIE ANGST ZU KÄMPFEN ODER FLIEHEN FÜHRT

Angst ist überlebensnotwendig! Sie warnt dich vor Gefahren und ermöglicht dir, blitzschnell auf solche Situationen zu reagieren. Hierfür ist die Amygdala im limbischen System des Gehirns zuständig. Wenn sie durch eine Gefahr aktiviert wird, verbindet sie sich sofort mit dem Hirnstamm und löst eine unmittelbare körperliche Reaktion aus, die den rationalen Teil des Gehirns umgeht.

Das alles passiert in einem Bruchteil von Sekunden. Bevor du realisiert hast, ob du im Straßenverkehr tatsächlich bedroht bist, ist dein gesamter Organismus alarmiert und du befindest dich bereits in einer Kampf-oder-Flucht-Reaktion. Würdest du erst lange nachdenken, ob etwas wirklich gefährlich ist, wäre es möglicherweise zu spät.

In einer solchen Kampf-oder-Flucht-Reaktion aktiviert der Körper unmittelbar alles, was das Überleben sichert: Gehör- und Sehsinn werden geschärft, die Muskeln spannen sich an, Herzfrequenz und Blutdruck nehmen zu, die Atmung wird intensiver und man beginnt zu schwitzen und zu zittern. Und alles, was man nicht braucht, wird gedrosselt: zum Beispiel die Verdauung. Ist die Bedrohung vorbei, löst sich dieser Modus wieder auf.

DEN ANKER AUSWERFEN

Bei dieser Übung verankerst du dich in den Sitzhöckern, sodass du im Hier und Jetzt bist und die Gedanken sich nicht mehr so leicht die Zukunft bedrohlich ausmalen und damit Ängste nähren können. Du kannst sie überall machen: zum Beispiel während einer Konferenz und in der U-Bahn oder einfach zwischendurch am Schreibtisch.

- Setze dich aufrecht hin, die Füße sind dabei parallel zueinander am Boden aufgestellt.
- Richte die Wirbelsäule auf und nimm bewusst Kontakt mit der Rückenlehne, der Sitzunterlage und den Füßen auf.
- Gehe jetzt mit deiner Aufmerksamkeit zur Sitzunterlage. Lege die Hände unters Gesäß und nimm deine Sitzhöcker ganz bewusst wahr.
- Stelle dir dabei vor, wie sich die Sitzhöcker durch die Unterlage hindurch mit der Erde verbinden und sich dort verankern.
- Atme anschließend tief in die Sitzhöcker hinein und stelle dir vor, wie deine Angst beim Ausatmen durch die Sitzhöcker in den Boden geleitet wird.
- Atme immer wieder tief ein und lasse die Ausatmung von Mal zu Mal länger werden.
- Führe die Übung so lange durch, bis du dich ganz deutlich entspannter und gegenwärtiger fühlst.

 # EINFACH MAL GÄHNEN

Ist dir schon mal aufgefallen, dass du viel schneller läufst, wenn dir die Angst im Nacken sitzt? Was also tun in einer beängstigenden Situation? Den Schritt verlangsamen und ein paar Mal laut gähnen. Das vermittelt dem Parasympathikus – jenem Teil des Nervensystems, der für Entspannung zuständig ist –, dass die Gefahr vorüber ist und sich das Nervensystem wieder beruhigen kann.

▶ Diese Übung empfiehlt sich auch, wenn du sehr gestresst bist. Stress ist häufig ein Vorläufer von Angst. Und je mehr du dem Stress mit einem entspannten Gefühl begegnest, desto größer ist die Wahrscheinlichkeit, dass die Angst gar nicht hochkochen kann.

 Stress ist oft ein Vorläufer von Angst

Schreibe drei Angstsituationen auf und deine positiven Erfahrungen damit, langsamer zu werden und zu gähnen:

Situation: _

Meine Erfahrung: _

_ _

Situation: _

Meine Erfahrung: _

_ _

Situation: _

Meine Erfahrung: _

_ _

WECHSELATMUNG

Bei dieser Übung atmest du abwechselnd durch das linke und das rechte Nasenloch. Sie stammt aus dem Yoga und gilt als die ideale Übung, um das Nervensystem zu beruhigen und auf körperlicher und seelischer Ebene zu entspannen.

- Setze dich aufrecht und bequem hin. Die linke Hand ruht auf dem Knie. Daumen und Zeigefinger berühren sich. Atme durch beide Nasengänge einige Male gleichmäßig aus und ein.
- Schließe dann das rechte Nasenloch mit dem rechten Daumen. Zeige- und Mittelfinger liegen an der Handfläche, Ringfinger und kleiner Finger liegen am linken Nasenloch, durch das du jetzt ausatmest und dann wieder einatmest.
- Schließe das linke Nasenloch mit Ringfinger und kleinem Finger und das rechte Nasenloch mit dem Daumen. Halte den Atem für einen kurzen Moment an und konzentriere dich dabei auf den Punkt zwischen den Augenbrauen. Löse den Daumen und atme langsam und ruhig über das rechte Nasenloch aus und ein.
- Wiederhole diesen Vorgang so lange, bis du dich wieder ruhiger und entspannter fühlst.
- Beende die Übung, indem du über beide Nasenlöcher ausatmest, nachdem du zuletzt rechts eingeatmet hast.

Anstatt im Zug oder beim Warten auf den Bus SMS und Mails zu checken, kannst du diese Übung machen. Sie sammelt den Geist. Multitasking und das lange Surfen im Internet hingegen führen zu Zerstreuung.

 **HAARWASCH-MEDITATION**

Wenn du mit deiner ganzen Aufmerksamkeit bei dem bist, was du gerade tust, kann Angst dir nicht so leicht den Boden unter den Füßen wegziehen.
Suche dir eine Sache aus, der du deine volle Aufmerksamkeit widmest. Wie wär's, wenn du mit dem Haarewaschen beginnst?

So geht's:
Schäume ganz bewusst deine nassen Haare ein und massiere ebenso bewusst deine Kopfhaut. Bündle stetig deine Konzentration auf das, was du gerade machst, Moment für Moment!
Was für Erfahrungen machst du dabei? Schreibe auf, was neu daran ist, zum Beispiel: Ich bin gegenwärtig, weil ich mich ganz auf diese Tätigkeit konzentriere. Den Kopf zu massieren, ist sehr entspannend. Und so weiter.

▸ Suche dir regelmäßig in der Woche eine Tätigkeit aus, die du so praktizierst. Putzen, etwas reparieren, bügeln, was auch immer. Übung macht den Meister.

DER RAUM ZWISCHEN ZWEI ATEMZÜGEN

Lege das Buch zur Seite, nachdem du die folgende Anleitung gelesen hast.

- Gehe mit deiner Aufmerksamkeit nach innen. Hier gibt es einen Raum, der frei ist von Angst! Es ist der Raum, der entsteht, wenn du die Lücke zwischen Ausatmung und Einatmung wahrnimmst. Das ist nur ein ganz kurzer Moment. Nach jeder Einatmung und nach jeder Ausatmung.
- Finde nun dieses kleine Tor zwischen Ausatmen und Einatmen. Zwischen Einatmen und Ausatmen. Erforsche den Moment, wo dieser Raum entsteht. Sei offen, wach und achtsam! Dein Leben findet genau in diesem Moment statt.
- Wiederhole das für eine Weile.

➤ Auch du kannst diesen Moment finden! Mache dich auf die Suche nach ihm, denn in ihm wohnt Neues! Er kann dein ganzes Leben verändern.

Das erlebe ich, wenn ich diesen angstfreien Raum zulasse:

_ _

_ _

_ _

_ _

> ### Übungsalternative
>
> Gehe einen Schritt weiter, wenn du mit dieser Übung vertraut bist. Statt zwischen zwei Atemzügen lasse nun eine Lücke zwischen zwei Gedanken entstehen. Immer wieder. Gerade bei angstvollen Gedanken kann das eine wertvolle Hilfe sein, denn ohne solche Unterbrechungen wiederholen sich diese Gedanken ständig.

 # DER DUFT VON LAVENDEL

Kennst du solche Abende, an denen du müde ins Bett fällst und dir kurz vor dem Einschlafen ein angstvoller Gedanke durch den Kopf schießt? Dass dir die Präsentation am nächsten Morgen nicht gelingen wird oder dass du die Prüfung in zwei Wochen nicht schaffst? Von einer Sekunde auf die nächste bist du hell-wach und deine Gedanken kreisen nur noch um diese eine Angst.
Die folgende Atemübung kann hier wahre Wunder wirken! Voraussetzung ist, dass dir der Duft von Lavendel zusagt und du nicht dagegen allergisch bist.

- Träufle ein paar Tropfen Lavendelöl auf ein Taschentuch und setze dich aufrecht ins Bett. Schließe die Augen und lasse deinen Atem länger, ruhiger und fließender werden.
- Halte dir nun das Taschentuch unter die Nase und atme den Lavendelduft ein. Stelle dir vor, dass er langsam den ganzen Stirnraum erfüllt. Lasse den Atem dann wieder ganz entspannt hinausströmen.
- Fahre damit fort, bei jedem Einatmen den Atemzug hoch in den Stirnraum zu geleiten und dich mehr und mehr in die Ausatmung zu entspannen.

- Lege das Taschentuch beiseite, entspanne deinen Stirnraum und verweile in die-ser Entspannung. Atme dabei ruhig weiter und öffne schließlich die Augen. Lege dich dann wieder hin und bleibe mit der Aufmerksamkeit bei deiner Atmung.

▶ Du kannst auch vor dem Einschlafen ein paar Tropfen Lavendelöl auf dein Kissen geben.

Dass Lösungen oft ganz woanders liegen, als wir sie anfangs vermuten, fällt uns manchmal erst abends kurz vor dem Einschlafen ein. Auf jeden Fall finden wir sie oft dort, wo wir sie am allerwenigsten erwarten.

Dazu diese Weisheitsgeschichte von der mutigen Alten:

Zum Erntedankfest machten sich alle Dorfbewohner auf den Weg, um auf einem nahegelegenen Berg zu feiern. Sie taten es ausgiebig, weil die Ernte dieses Jahr besonders gut ausgefallen war. Sie sangen, tanzten und lachten und vergaßen darüber die Zeit. Erst nachdem die Sonne bereits untergegangen war, erinnerten sie sich daran, dass sie noch einen weiten Weg zurück in ihr Dorf vor sich hatten. Es war stockdunkel geworden und auch sehr kalt. Die Menschen wussten, dass sie alle erfrieren konnten, wenn sie nicht ins Dorf zurückfinden würden. Sie zitterten und schlotterten vor lauter Angst und dabei wurden sie zunehmend ratloser. So sehr sie sich auch bemühten – sie verliefen sich immer mehr.

Schließlich übernahm ein altes Weib, deren Augen besonders schwach waren, die Führung. Langsam und achtsam ging sie den anderen voraus. Als sie schließlich alle wohlbehalten unten angekommen waren, ernannten die Dorfbewohner die Alte zur mutigsten Frau des Dorfes.

 ## MITGEFÜHL KULTIVIEREN

Der Buddha, einer der weisesten Menschen der Welt, erkannte Mitgefühl als ein hilfreiches Mittel gegen Angst. Einmal kamen Waldmönche zum Buddha und sie fragten ihn, wie sie mit ihrer Angst umgehen könnten, die sie hatten, wenn sie allein im Wald meditierten. Er empfahl ihnen die Meditation des Mitgefühls. Denn Mitgefühl hilft uns, mehr Verständnis und Einfühlungsvermögen für unser eigenes Leid und das Leiden anderer zu entwickeln, und lässt unsere Ängste auf diese Weise geringer werden.

- *Finde einen ruhigen Platz und setze dich in bequemer Position hin.*
- *Öffne jetzt dein Herz und richte die Aufmerksamkeit auf dich. Schaue über das hinweg, was du an dir nicht magst. Wende dich dem Teil in dir zu, der sich bemüht und Schmerz und Leid fühlen kann. Wünsche dir selbst dann etwas Gutes. Wiederhole dabei stetig den Vers:*

Möge ich erfüllt sein von Liebe.
Möge ich erfüllt sein von Zufriedenheit.
Möge ich erfüllt sein von Weisheit.

- *Öffne jetzt dein Herz für einen Menschen, den du magst, und wende dich dem Teil in ihm zu, der Schmerz und Leid erfahren kann. Wünsche ihm oder ihr alles Gute, indem du den Vers für ihn wiederholst:*

Mögest du erfüllt sein von Liebe.
Mögest du erfüllt sein von Zufriedenheit.
Mögest du erfüllt sein von Weisheit.

• *Bringe nun dein Mitgefühl einem Menschen entgegen, mit dem du Schwierigkeiten hast, und schaue über das hinweg, was du an ihm nicht magst. Wende dich dem Teil in ihm zu, der genau wie du Schmerzen und Leid erfahren kann. Wünsche ihm Gutes und wiederhole still den Vers:*

Mögest du erfüllt sein von Liebe.
Mögest du erfüllt sein von Zufriedenheit.
Mögest du erfüllt sein von Weisheit.

• *Öffne dein Herz und deine Fürsorge nun für alle Menschen:*

Mögen alle Wesen erfüllt sein von Liebe.
Mögen alle Wesen erfüllt sein von Zufriedenheit.
Mögen alle Wesen erfüllt sein von Weisheit.

Folge Buddhas Rat!

 # EIN ORT DES FRIEDENS IN DIR

Schließe die Augen und stelle dir einen Ort vor, an dem du dich sicher fühlst. Es kann ein realer Ort sein oder auch eine Fantasielandschaft. Vielleicht ist es ein Haus, das andere nur mit deiner Erlaubnis betreten dürfen. Oder ein Strand, an dem du dich vollkommen entspannen kannst. Stelle dir diesen Ort so genau wie möglich vor und dich dabei mittendrin, behütet und sicher!

So sieht mein sicherer Ort aus:

_____

_____

_____

_____

So riecht es dort:

_____

Das ist die Temperatur dort:

_____

Diese Menschen oder Geschöpfe (Tiere, Engel ...) sind dort:

_____

_____

_____

_____

➤ Mache die Übung regelmäßig. Auf diese Weise kannst du den Ort zuverlässig verinnerlichen (siehe folgender Nice to know-Kasten) und hast die Möglichkeit, dich gedanklich immer dorthin zurückzuziehen, wenn Angst in dir aufkommt oder du dich einfach entspannen möchtest.

WAS DAS VORSTELLUNGSVERMÖGEN BEWIRKEN KANN

Innere positive Bilder besitzen eine sehr starke heilende Kraft. Dieses Wissen hat die Neuropsychologie bestätigt. Vorstellungen von schönen Erlebnissen aus der Vergangenheit oder einfach nur von einem sicheren Ort entspannen sowohl deinen Körper wie deinen Geist. Gelassenheit kann sich einstellen, Ängste gehen zurück.

Auch Bilder, bei denen du von Menschen umgeben bist, die dich schützen und lieben, rufen positive Geisteszustände hervor.

Je häufiger du dir diese positiven und angenehmen Situationen vorstellst, desto mehr können sie sich in deinem Gehirn verankern und dir ein Gefühl von Vertrauen und Zuversicht vermitteln.

ERST MAL DIE SUPPE KÜHLEN

Diese Übung eignet sich, wenn du Angst hast, zu versagen oder einer Situation nicht gewachsen zu sein, beispielsweise wenn du etwas präsentieren sollst, eine unangenehme Aussprache ansteht oder du allein in ein Restaurant gehst.

Nimm dir, bevor du »in den Ring steigst«, also bevor es losgeht, ein paar Momente Zeit und stelle dir vor, einen Teller Suppe zu kühlen.

- Du sitzt oder stehst aufrecht und hältst in deiner Vorstellung einen Teller mit Suppe in der Hand.
- Atme durch die Nase ein und durch die wie zum Pfeifen gespitzten Lippen wieder aus, um die heiße Suppe abzukühlen.
- Wiederhole die Übung einige Male, bis du merkst, dass du dich wieder besser im Griff hast und konzentrierter bist.

Wie geht es dir jetzt?

○ Schon ein bisschen besser.

○ Viel besser! Das macht wirklich etwas aus!

○ _

KULTIVIERE GLÜCKSMOMENTE

»Es gibt keinen Weg zum Glück. Glücklich sein ist der Weg.« Diese Worte von Buddha sagen eigentlich alles. Glück ist immer da! In Zeiten, in denen Angst uns dominiert, nehmen wir es bloß nicht wahr. Trotzdem ist der Samen als verborgene Kraft in uns angelegt. Wenn du präsent bist, kannst du die Glücksmomente bewusst wahrnehmen. Sie sind eine Gegenkraft zu deiner Angst.

➤ Schreibe auf, welche Menschen oder Dinge dich glücklich machen.

Zum Beispiel: Ich möchte mehr Zeit mit meinem Partner beim Wandern verbringen, denn sein Strahlen, wenn wir in der Natur sind, macht mich immer sehr glücklich.

STARK WIE EIN BERG

Tadasana, die Berghaltung, ist eine der wichtigsten Übungen aus dem Yoga, weil sie uns darin unterstützt, Stabilität und Stärke und damit Vertrauen zu entwickeln.

1. Stelle dich aufrecht hin. Die Füße stehen hüftbreit voneinander entfernt und parallel zueinander. Das Gewicht ist auf beide Füße gleichmäßig verteilt. Becken und Wirbelsäule sind aufgerichtet.
2. Deine Arme hängen entspannt am Körper. Nimm die Schultern ein wenig nach hinten. Der Nacken ist leicht gedehnt. Schließe die Augen und richte den Blick nach innen.
3. Spanne den ganzen Körper von unten nach oben an und lasse dann die Spannung wieder los.
4. Breite die Arme mit dem nächsten Einatmen ein Stück weit rechts und links seitlich vom Körper weg. Nun befindest du dich in der Stellung des Berges. Imaginiere die Eigenschaften, die einem Berg innewohnen: Stärke, Stabilität und Widerstandsfähigkeit.
5. Sage dir: »Ich bin stark wie ein Berg.« Verinnerliche dieses Gefühl. Es vermittelt deinem Körper die wichtige Information der Stärke.
6. Bleibe so lange in der Stellung, bis du das Gefühl hast, entspannt und standhaft dazustehen.

▶ Diese Übung kannst du überall und jederzeit praktizieren: während du auf die U-Bahn wartest, an der Kasse, am Kaffeeautomaten, natürlich auch vor einer Gehaltsbesprechung mit deinem Chef ...

Ach ja, hier noch eine Geschichte ...

Ein Mann ging für mehrere Monate einen Pilgerweg, weil er seine Angst überwinden wollte. Eines Tages kam er vom Weg ab und stand alsbald vor einer
Schlucht. Dort stolperte er und war im Begriff, in den bodenlosen Abgrund zu
stürzen. Glücklicherweise bekam er in letzter Sekunde noch eine Wurzel zu fas-
sen, die am Rand der Schlucht heraushing. Er schaute hinunter und bemerkte,
dass unter ihm nichts war als Abgrund.

»Hilfe! Hilfe!«, rief er verzweifelt. »Ist da oben jemand?«

Wider Erwarten antwortete unmittelbar darauf eine sehr freundlich klingende
Stimme: »Was willst du?«

»Bitte hilf mir!«, flehte der Mann.

»Das mache ich gern. Vorher muss ich jedoch wissen, ob du mir auch wirklich
vertraust«, sagte die Stimme.

»Ja, ja! Ich vertraue dir! Aber bitte hilf mir und mach schnell ...«, wimmerte der
Mann.

»Wenn du mir vertraust, dann lasse dich jetzt ins Leere fallen!«, forderte ihn die
Stimme auf.

Der Mann zitterte am ganzen Körper vor Angst. Nachdem er für einige Momente
nichts gesagt hatte, blickte er noch einmal nach unten und rief erneut, jetzt
aber in sich überschlagender Verzweiflung: »Hilfe! Um Gottes willen! Ist denn da
niemand anders?«

 # GESELLSCHAFTLICHE ÄNGSTE

Ängste werden in der Regel durch bestimmte Ereignisse ausgelöst und sind durch unsere subjektive Sicht und Bewertung geprägt. Diese werden wiederum maßgeblich durch Erziehung, Gesellschaft und gegebenenfalls Religion bestimmt. Sind wir uns dieser Einfärbung bewusst, können wir unseren Geist weiten und unsere Ängste anders betrachten.

▶ Im Folgenden geht es um mehr Klarheit über zwei gesellschaftlich geprägte Ängste.

Die Medien sind voll von reißerischen Berichten über Flugzeugabstürze, Gewaltverbrechen, negative Aussichten für die Zukunft und so weiter. Sie blähen auch solche Gefahren auf, die selten und wenig wahrscheinlich sind.

Wie häufig liest du solche Nachrichten oder siehst dir entsprechende Dokumentationen an? Wie fühlst du dich unmittelbar danach?

_ _

_ _

_ _

Die Anerkennung unserer Gesellschaft ist immer noch in hohem Maße an einen bestimmten finanziellen beziehungsweise materiellen Status geknüpft. In wirtschaftlich schwierigen Zeiten erhöht sich der Druck, wenn man keine oder nur geringe materielle Sicherheiten hat, beziehungsweise die Angst steigt, materielle Grundlagen zu verlieren.

Wie stark beeinflusst dich diese Sichtweise?

_ _

_ _

▶ Jeder Mensch hat einen unzerstörbaren Kern. Besinne dich auf ihn, wann immer dich eine Angst der genannten Art überkommt.

SCHRITT FÜR SCHRITT GEHEN

Wenn wir von Ängsten geplagt sind, stellen wir uns meist Situationen in der Zukunft vor, in denen es uns schlecht geht, wir bedroht sind oder jemandem ohnmächtig gegenüberstehen. Sind wir hingegen ganz im gegenwärtigen Moment, dann ist uns klar, dass jetzt keine Gefahr besteht. Das Leben findet nur jetzt statt. Lasse dich also so oft wie möglich auf den Augenblick ein. Was dir dabei hilft, ist das Erden.
Je häufiger du die folgende Übung machst, desto leichter kommst du in Zeiten, in denen du voller Angst bist, wieder in den gegenwärtigen Moment zurück und erlebst, dass jetzt alles gut ist.

Gehe auf einer Wiese, in einem Park oder in deinem Garten (notfalls zwischendurch auch mal in der Wohnung) fünf Minuten lang ganz achtsam auf und ab.
Öffne dich für die sensorischen Wahrnehmungen, die du dabei hast, selbst die allerkleinsten. Spüre etwa, wie sich der Boden unter deinen Füßen anfühlt. Bewege dich so langsam wie möglich vorwärts.

Wie ergeht es dir damit? Was geschieht mit deinen Ängsten? Schreibe deine Erfahrungen auf:

SCHENKE DER ANGST EIN LÄCHELN

Denke nun an einen Menschen, der dir, aus welchem Grund auch immer, Angst macht.

1. Schließe die Augen und atme einige Male tief ein und aus. Wandere dann mit der Aufmerksamkeit zu deinem Herzen und versuche, mit deiner Herzensgüte und deinem Mut in Kontakt zu kommen. Stelle dir dabei vor, wie sich vom Herzen ausgehend ein Gefühl der Wärme und Liebe in deinem Körper ausbreitet.

2. Rufe dir dann den Menschen vor dein inneres Auge, vor dem du Angst hast. Atme dabei weiter tief ein und aus. Stelle dir vor, wie dieser Mensch langsam auf dich zukommt, bis er oder sie eine Entfernung erreicht hat, die für dich noch angenehm ist.

3. Schaue diese Person an und versuche, sie als einen Menschen und nicht als Feind wahrzunehmen. Sie ist genauso verletzlich wie du und leidet vielleicht auch unter der Spannung, die zwischen euch herrscht.

4. Stelle dir nun weiter vor, dass du diesem Menschen mit Herzenswäme und Mut begegnest und ihn anlächelst.

5. Wenn Angst vor ihm oder ihr auftaucht, nimm sie wahr und lasse sie vorüberziehen. Das mag leichter gesagt sein als getan. Spüre nach innen in deinen Körper. Wo fühlst du die Angst? Nimm einfach nur wahr. Dann wird sich die Angst nach einer Weile auflösen.

6. Schenke diesem Menschen ein inneres Lächeln, das von Herzen kommt.

➤ Schreibe ein paar Eindrücke auf, wie du dich jetzt fühlst.

_____

_____

_____

_____

_____

WAS ENTSPANNT DICH?

Von den eigenen Ängsten überwältigt zu werden, kann schnell geschehen. Der Geist wird eng, der Körper verspannt sich, man reagiert mit Automatismen. Um dem entgegenzusteuern, hilft es dir, Dinge zu tun oder dich mit Menschen zu treffen, die eine entspannende Wirkung auf dich haben. Solche Möglichkeiten, sich bewusst zur Entspannung zu verhelfen, sind wichtige innere Ressourcen. Sie unterstützen uns dabei, von Ängsten wieder freier zu werden.

Schreibe auf, was beziehungsweise wessen Gegenwart dich entspannt, und kultiviere diese inneren Ressourcen!
Zum Beispiel: 40 Minuten Crosstrainer und zwei Saunagänge im Fitnessstudio. Oder: Mit Claudia lache ich viel und gern.

➤ _

➤ _

➤ _

➤ _

➤ _

43

 # SO HAST DU BISHER AUF DEINE ANGST REAGIERT ...

Befasse dich näher mit einer Angst, die in deinem Leben eine wichtige Rolle spielt. Beantworte dazu die folgenden Fragen. Ein Beispiel, wie die Antworten lauten können, findest du in der Übung auf der gegenüberliegenden Seite in der linken Spalte.

Was ist die Ausgangssituation, die dir Angst bereitet?

_____

_____

Wie schätzt du diese Situation ein?

_____

_____

Was fühlst du in diesem Moment?

_____

_____

Wie reagierst du?

_____

_____

▶ Es gibt auch ganz andere Möglichkeiten, mit einer beängstigenden Situation umzugehen. Die kannst du in der nächsten Übung ausloten.

44

... SO KÖNNTEST DU AUF DEINE ANGST REAGIEREN

Hier ein Beispiel für einen positiven Umgang mit einer beängstigenden Situation (rechte Spalte). Links die bisherige Umgangsweise.

	Mein bisheriger Umgang	Eine konstruktive Alternative
Ausgangs-situation	Meine Präsentation morgen in der Firma	
Einschätzung	Ich werde versagen.	Ich werde die Präsentation gut meistern.
Emotion(en)	Versagensangst	Vorfreude
Reaktion(en)	Ich bin krank. Oder: Ich erstarre und liefere eine mittelmäßige Präsentation.	Ich übe zu Hause, dann fühle ich mich in der Situation sicher.

Nimm dir noch mal die Angst vor, die du auf Seite 44 beschrieben hast. Bewerte sie nun neu, und zwar optimistisch.

Noch einmal die Ausgangssituation: _ _ _ _ _ _ _ _ _ _ _ _ _ _ _ _ _ _

Wie schätzt du diese Situation optimistisch ein?

_ _

Was fühlst du in diesem Moment?

_ _

Es gibt immer mehr als eine Alternative!

Wie reagierst du jetzt auf die Situation?

_ _

KOMM DOCH MAL AUS DER PUSTE!

Radfahren, Schwimmen oder Joggen helfen dir, zu dir zu kommen. Allerdings musst du das wirklich regelmäßig tun. Dann kann dir diese Art von Bewegung sogar in Situationen helfen, in denen dich eine Angst überwältigt.

BITTE NICHT VERWECHSELN!

Körperliche Entspannung und Erschöpfung lassen sich physiologisch nicht mit Angst vereinbaren. Das ist aber etwas anderes als die bei einer Panikattacke einsetzende Hyperventilation – dem Versuch des Körpers, wegen akuter Atemnot viel Luft zu holen. Hier empfehlen Ärzte, in eine Tüte zu atmen (die genaue Beschreibung findest du auf Seite 8). Dadurch normalisiert sich das Verhältnis von Sauerstoff zu Kohlendioxid im Blut wieder.

Damit es nicht bei den guten Vorsätzen bleibt, findest du auf der rechten Seite eine Liste, in die du deine sportlichen Aktivitäten eintragen kannst. Zwei- bis dreimal die Woche 30 bis 60 Minuten wären schon gut. Natürlich gern auch mehr. So wird es nicht lange dauern, bis dir das Date mit dem Sport zum inneren Bedürfnis wird.

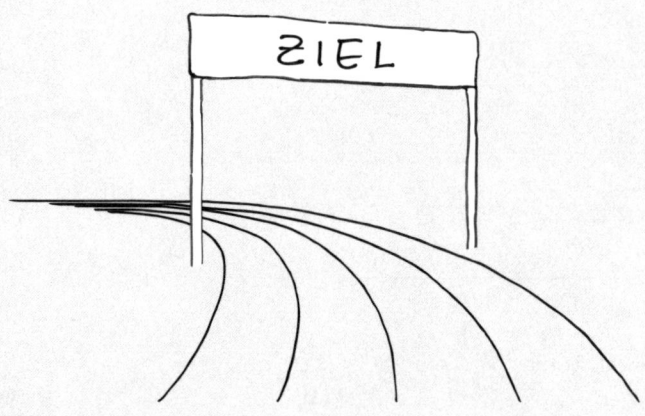

Was?	Wann?	Wie war's?
Radtour	Sonntag, 3 Stunden	Habe mich richtig ausgepowert!

YES YOU CAN!

Stimmt!

Eine gesunde Angst durchläuft drei Stadien. Danach ist sie wieder vorbei. So wird, wer die Fahrt in der Achterbahn liebt, Angst bekommen, wenn der Wagen, in dem er sitzt, fast senkrecht in die Tiefe stürzt. Ihm werden vielleicht noch die Knie zittern, wenn er am Ende der Fahrt aus dem Wagen steigt. Spätestens am nächsten Würstchenstand ist die Angst dann vergessen.

Anders die Ängste, um die es in diesem Buch geht. Ein verbreiteter Mechanismus ist, negative Gedanken zu erzeugen und diese immer und immer zu wiederholen. Wenn du dir etwa vor einem Flug unentwegt vorstellst, dass das Flugzeug abstürzt, festigst du die Verbindung von Angst und negativem Gedanken! Und dein Körper reagiert mit der Ausschüttung von Stresshormonen.

Häufig laufen solche negativen Gedanken unbewusst ab! Sobald du sie bemerkst, kannst du mit ihnen umgehen und sie stoppen. Achte deshalb möglichst oft auf diejenigen Gedanken, die wie negative Mantren wirken, und stelle ihnen positive Gedanken entgegen. Sage dir den positiven Satz immer wieder.

Gedanke	positiver Satz
Ich verpasse die S-Bahn ...	Ich komme rechtzeitig an.

LOB ERKANNT, KRITIK GEBANNT

Du hast eine ruhige Bahnreise gehabt. Der Zug war pünktlich, dein Nachbar angenehm und mit dem Abholen hat es auch geklappt. Anstatt dich über den guten Verlauf der Reise zu freuen, interpretierst du ihn möglicherweise als reinen Zufall.

Rede die guten Dinge nicht klein! Also nicht: Die Präsentation lief gut – das Thema war ja auch nicht schwierig. Sondern: Mein Chef hat mich dafür gelobt, das notiere ich mir jetzt und sehe mir den Zettel in Zukunft immer wieder an, wenn ich mal nicht so gut drauf bin.

So zu denken, wirkt Ängsten entgegen – die immer sehr eng mit negativen Gedanken verknüpft sind.

Schreibe schöne Situationen aus deinem Leben auf – und was du dazu beigetragen hast.

Es muss übrigens nicht wie in obigem Beispiel sein, dass dich jemand anders dafür gelobt hat. Vielmehr reicht es, wenn du selbst Bescheid weißt.

➤ _

➤ _

➤ _

➤ _

➤ _

➤ _

➤ _

➤ _

DER HELD IN DIR

Yoga stärkt bekanntlich den Körper und beruhigt den Geist. Die Haltung des Helden kann dir helfen, dich den eigenen Ängsten zu stellen.

So geht's:

- Deine Füße stehen hüftbreit voneinander entfernt und parallel zueinander.
- Mache mit dem linken Bein einen großen Schritt nach hinten. Das Bein bleibt dabei gerade, die linke Fußspitze drehst du leicht nach außen, die Außenkante des linken Fußes drückt in den Boden.
- Beuge das rechte Bein nach vorn, der Oberschenkel ist parallel zum Boden, die Ferse drückst du kraftvoll gegen den Boden.
- Richte das Becken auf und bringe deine Arme nach oben, die Handflächen zeigen zueinander. Bleibe ein paar Atemzüge in dieser Haltung und sage dir immer: »Ich schaue meiner Angst mutig ins Gesicht!«
- Stelle dann deine Füße wieder hüftbreit und parallel zueinander.
- Wiederhole die Übung, indem du dieses Mal das rechte Bein nach hinten nimmst und genauso verfährst wie gerade beschrieben, nur jeweils mit der anderen Seite.
- Stelle die Beine wieder nebeneinander, schließe die Augen und nimm das Gefühl von Mut und Klarheit noch einmal mit jeder Zelle deines Körpers auf.

ZEHN GRÜNDE, DANKBAR ZU SEIN

Wenn du Dankbarkeit kultivierst, wappnest du dich gewissermaßen besser gegen Situationen, in denen du Angst hast.

Mache eine Liste mit zehn schönen Dingen, für die du jetzt dankbar bist.
Du wirst staunen, wie viel dir einfällt, wenn du erst einmal in diese Richtung nachsinnst. Beispiele: der malerische Sonnenaufgang, dass ich lesen kann, das nette Gespräch an der Bushaltestelle, der vollgepackte Kühlschrank …

1. _____

2. _____

3. _____

4. _____

5. _____

6. _____

7. _____

8. _____

9. _____

10. _____

Nice to know!

WISSENSCHAFTLICH BESTÄTIGT
Studien des Psychologen Robert Emmons haben ergeben, dass Dankbarkeit den Umgang mit schwierigen Situationen erleichtert, für mehr Wohlbefinden sorgt und dich besser schlafen lässt.

GIB DIR SELBST HALT

Die folgende Übung ist aus dem Yoga und zeigt, mit
welch einfachen Mitteln wir in uns selbst Stabilität
finden können. Probiere es aus!

- Setze dich auf einen Stuhl oder Hocker. Dein
  Oberkörper ist gerade, der Kopf in der Verlängerung
  der Wirbelsäule. Beide Füße sind am Boden
  aufgestellt.
- Umfasse nun mit der rechten Hand die linke
  Schulter und mit der linken Hand die rechte
  Schulter. Schließe die Augen.
- Bleibe in dieser Haltung und mache dir
  bewusst, dass du einen Körper hast. Atme tief
  über die Füße ein und aus. Merkst du, dass du
  dir jetzt selbst Halt gibst?
- Spüre nun hin zu deiner Sitzunterlage. Auch der
  Stuhl trägt dich und gibt dir Halt. Mache dir
  dies bewusst.
- Verweile ein paar tiefe Atemzüge in dieser
  Haltung. Nach Möglichkeit so lange, bis
  du dich entspannt fühlst.

SAG EINFACH STOPP!

In verschiedenen Übungen dieses Buches bist du schon mit der Aufdringlichkeit
negativer Gedanken vertraut geworden und hast sie vielleicht durch positive
Gedanken ersetzt. Nimm dir an einem Tag vor, wann immer ein negativer
Gedanke auftaucht, gleich »Stopp!« zu sagen und nach etwas Positivem in
deiner Umgebung zu suchen, wie zum Beispiel einer duftenden Blume oder der
schnurrenden Katze. Schreibe deine Erfahrungen auf:

_____

_____

_____

_____

_____

_____

_____

_____

DIE NEIGUNG ZU NEGATIVEM

Nice to know!

Wir haben die Tendenz, den Blick auf negative Erfahrungen, Gedanken und Gefühle zu richten und sie festzuhalten. Die Angst ist ein solches Gefühl. Meistens
sind wir uns dessen gar nicht bewusst. Wenn wir diese Denkmuster erkennen
und durchbrechen, dann können wir uns auch nach und nach von unseren
Ängsten befreien.

 ## MIT DER HA-ATMUNG DER ANGST DIE STIRN BIETEN

Angst hat etwas Lähmendes. Gehen wir hingegen offensiv mit Ängsten um, können wir uns von ihnen befreien. Manchmal hilft ein kräftiger Schrei oder ein tiefes lautes Ausatmen, um der Angst zu vermitteln, dass du dich nicht von ihr einschüchtern lässt. Eine gekonnte Mischung zwischen beidem ist die Ha-Atmung aus dem Yoga.

- Stelle dich mit geschlossenen Augen aufrecht hin.
- Schließe die Augen und nimm über die Füße Kontakt zum Boden auf.
- Frage dich dann, was du loswerden möchtest – zum Beispiel die Angst vor einem bestimmten Menschen oder einer bestimmten Situation.
- Atme nun tief ein. Nimm ausatmend ein Knie hoch, umfasse es mit beiden Händen und ziehe es an die Brust. Dabei gibst du gleichzeitig ein kräftiges, lautes »Ha!« von dir. Danach stellst du das Bein wieder hin. Mit dem »Ha!« lässt du auch das Gefühl los, von dem du dich befreien möchtest.
- Das Gleiche machst du mit dem anderen Bein.
- Insgesamt wiederholst du die Übung ungefähr zehnmal in deinem eigenen Tempo, entweder ganz langsam oder auch schneller. Du wirst sehen, dass du dich mit jedem »Ha!« besser fühlst.

Was die Angst so alles anrichten kann, davon erzählt diese Geschichte:

Die Pest befand sich auf dem Weg nach Kairo. In der Wüste überholte sie eine große Kamelkarawane, die gerade auf dem Weg nach Alexandria war. Die Kamelhirten wollten von dort aus mit dem Schiff nach Griechenland vor der Pest fliehen. Achmed, der Älteste von ihnen, fragte die Pest: »Wohin gehst du so schnell?«

Die Pest antwortete: »Ich bin auf dem Weg nach Alexandria. Ich habe vor, dort fünfhundert Leben zu nehmen.«

Daraufhin zogen Achmed und die anderen Kamelbesitzer es vor, nicht nach Alexandria zu gehen. Sie blieben stattdessen noch für zwei Wochen in einem kleinen Ort am Rande der Wüste.

Auf dem Rückweg aus Alexandria kam die Pest wieder an der Karawane vorbei und hielt bei Achmed, der gerade am Lagerfeuer saß. Achmed schaute die Pest mit ängstlichem Blick an und sagte: »Siebentausend Leben hast du genommen, nicht fünfhundert!«

»Nein. Das ist nicht wahr!«, antwortete die Pest. »Ich nahm die angekündigten fünfhundert. Es war die Angst, die die übrigen wegraffte.«

RELAX!

Je gelassener wir sind, desto besser sind wir gefeit gegen Ängste. Das bedeutet für dich:

1. Reduziere Stress!
2. Entspanne dich und sorge für eine gesunde Lebensweise!

Schreibe auf, was genau dir Stress bereitet:

_ _

_ _

Was kannst du tun, um diese Stressoren zu reduzieren?

_ _

_ _

Und was entspannt dich?

_ _

_ _

Wann kannst du das am besten umsetzen?

_ _

_ _

UMLENKUNG: VON DER ANGST ZUR ENTSPANNUNG

Ängste sind oft hartnäckig und es braucht viel Geduld und auch Disziplin, um sich von ihnen zu lösen. In Situationen, die in uns Ängste auslösen, ist es oft gut, die Aufmerksamkeit umzulenken: weg von der Angst hin zu Dingen oder Situationen, die uns entspannen. Je bewusster wir uns die guten Dinge im Leben einprägen, desto leichter können wir sie abrufen, wenn wir wieder einmal Angst haben.

▶ Es sind die vielen kleinen Momente aneinandergereiht, die uns von Ängsten befreien.

Was hast du heute Schönes erlebt?

Erinnere dich nach Möglichkeit mit all deinen Sinnen an die Situation und schreibe es dann auf, zum Beispiel: Ich habe einen köstlichen Apfelkuchen gegessen. Die Äpfel haben so saftig geschmeckt! Da kam mir die Erinnerung an meine Kindheit in den Sinn ...

ZEHN SEKUNDEN

Erforsche heute zehn Dinge, an denen du vorbeigehst, jeweils mindestens zehn Sekunden lang mit allen Sinnen. Du wirst merken: Dies ist eine lange Zeit.

Was passiert mit deiner Angst, wenn du sie für zehn Sekunden nicht zulässt, sondern zum Beispiel an einer Blume riechst, die du anfasst?

_ _

_ _

_ _

_ _

Was verändert sich in deiner Wahrnehmung der Umwelt, wenn du dir noch mehr Zeit lässt?

_ _

_ _

_ _

_ _

FAUCHE, WAS DAS ZEUG HÄLT!

Hinter Ängsten sind häufig Gefühle wie Wut, Traurigkeit oder Ärger verborgen. Solchen Gefühlen Ausdruck zu verleihen, ist eine wichtige Hilfestellung im Umgang mit Ängsten. Der fauchende Tiger aus dem Yoga ist nicht nur bei Kindern eine sehr beliebte Atemübung, sondern tut erfahrungsgemäß auch uns Erwachsenen ausgesprochen gut.

Ich fauche wie ein Tiger!

➡️ Nimm auf dem Boden auf deinen Fersen im sogenannten Fersensitz Platz. Die Knie können dabei leicht gegrätscht werden, die Hände liegen mit den Handflächen nach unten auf den Oberschenkeln. Atme nun einige Male tief durch die Nase ein und aus. Beim nächsten Einatmen hebst du leicht die Schultern und atmest dann fest durch den Mund aus. Dabei streckst du die Zunge heraus, reißt die Augen auf und fauchst wie ein wütender Tiger: »Huaaah!« Spreize gleichzeitig die Finger und verlagere das Körpergewicht leicht nach vorn. Wiederhole das Ganze fünf- bis sechsmal.

Übungsalternative

Vielleicht inspirieren dich noch andere Tiere dazu, Dampf abzulassen. Du kannst dir zum Beispiel vorstellen, dass du eine Ziege bist, die laut meckert. Oder ein Gorilla, der laut brüllt ...

 # NIMM DEINE ANGST AN DIE LEINE

Denke an eine bestimmte Angst (siehe deine Aufstellung von Seite 4) und stelle dir vor, dass sie ein kleiner, junger Hund ist, den du an die Leine nimmst.

➤ Mache eine Zeichnung von diesem Hund, der einmal deine Angst war.

Wichtig: Du bist der Boss beziehungsweise die Herrin und willst den Kleinen, der an der Leine ist, erziehen!

HIER UND JETZT IM KÖRPER ANKOMMEN

Wenn wir Angst haben und sich die Gedanken nur noch um die Vergangenheit oder um die Zukunft drehen, entgeht uns der gegenwärtige Moment. Mache dir immer wieder bewusst: Ich lebe jetzt! Wiederhole das wie ein Mantra.
Wenn du das nächste Mal merkst, dass dir eine Angst im Nacken sitzt, sage einfach: »Stopp!«, wie du es schon in der Übung auf Seite 53 generell mit negativen Gedanken gelernt hast. Nutze diesen Moment, um innezuhalten, wo auch immer du dich gerade befindest. Sei ganz achtsam im Hier und Jetzt. Konzentriere dich auf deinen Körper und nimm ihn ganz bewusst wahr. Jeden einzelnen Körperteil: Kopf, Hals, Brust, Schultern, Rücken, Arme, Hände, Hüften, Oberschenkel, Unterschenkel und Füße. Atme dabei je dreimal in den jeweiligen Bereich, ohne etwas verändern zu wollen.

Beschreibe die Zeit, in der du ganz präsent im Körper bist:

_____

_____

_____

_____

_____

_____

_____

_____

 **DEINE NEGATIVEN GEDANKEN UND DU**

Wenn wir die Aufmerksamkeit auf unsere Gedanken richten, nehmen wir das zumeist negative Getöse unserer inneren Stimmen unverstellt wahr. Dass die innere Stimme sagt: »Das geht nicht gut!« oder »Du musst noch besser werden!«, hast du sicher auch schon oft erlebt. In unseren Köpfen ist einfach im wahrsten Sinn des Wortes die Hölle los.

Versuche, solche Gedanken wertfrei zu betrachten und sie mit Achtsamkeit wahrzunehmen. Dann wirst du merken: Das bin ja gar nicht ich! Das sind nur meine Gedanken! Ich kann sie vielleicht nicht abstellen, aber ich habe die Freiheit, einfach nicht auf sie zu hören. So kann sich Seelenfrieden einstellen und deinen Ängsten wird der Nährboden entzogen.

Sei achtsam gegenüber deinen negativen Gedanken. Wenn einer auftaucht, nimm ihn zur Kenntnis, lasse ihn dann weiterziehen und mache dir klar, dass du nicht dieser Gedanke bist.

Nice to know!

DIE KRAFT DER GEDANKEN

Gedanken können uns krank machen, das ist wissenschaftlich belegt. Erwiesenermaßen haben wir die Tendenz, negative Gedanken zu produzieren und uns Sorgen zu machen oder unbegründete Ängste zu schüren. Aber Gedanken können uns eben auch helfen, Schmerzen abflauen zu lassen und Krankheiten zu lindern.

HINAUS IN DIE NATUR!

Jeder, der es selbst erlebt hat, weiß, wie gut wir uns beim Spazierengehen und beim Wandern regenerieren können, wenn wir das Rauschen der Blätter im Wind hören, die Berge in der Ferne sehen und wenn der Waldboden seinen einzigartigen Duft verströmt.

Gehe nach Möglichkeit häufig in die Natur. Öffne dann alle deine Sinne dafür. Wie fühlt sich der Waldboden und wie eine Baumrinde an, wenn du etwas Erde oder ein Stöckchen in die Hand nimmst? Wie verändert sich dein Atem? All diese Momente sorgen dafür, dass sich dein Nervensystem entspannt.

Schreibe deine Erfahrungen auf:

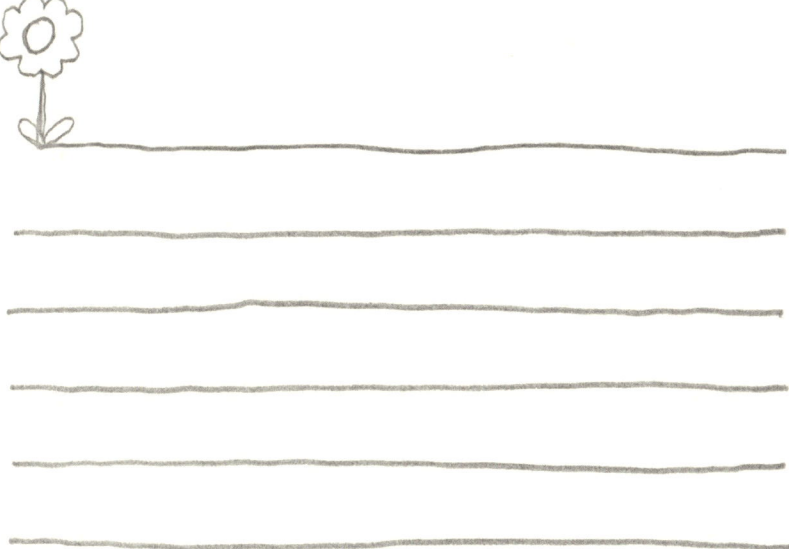

DIE ANGST IM HERZEN VERWANDELN

Wenn dich die Angst überkommt, kannst du sie mit dieser wunderschönen Atemübung verwandeln:

- *Lege dich auf den Rücken oder setze dich aufrecht hin.*
- *Stelle dir vor, dass du Angst in dein Herz einatmest und Mitgefühl, Achtsamkeit, Liebe, Hingabe oder Weisheit ausatmest. Wähle die Qualität, die für dich gerade am wichtigsten ist.*

Indem du die Angst einatmest, nimmst du sie bewusst zur dir. Und genau darüber kannst du sie transformieren. Mache die Übung so lange, bis du das Gefühl hast, wieder entspannter zu sein.

Dazu eine Geschichte aus dem Orient:

Es lebte im alten Persien ein Mann. Dieser wurde erwischt, wie er einen Schimmel des Sultans stehlen wollte. Der Sultan tat, was er mit allen Dieben tat: Er verurteilte ihn zum Tode. Der Dieb aber war ein furchtloser Mann und über die Maßen schlau. So bat er den Sultan um einen letzten Gefallen. Er sagte: »Wenn der Sultan ein wirklich guter Herrscher ist und ein großes Herz hat, dann bitte ich ihn, mir mein Leben zu schenken.« Noch bevor der Sultan etwas sagen konnte, fügte er hinzu: »Und wenn der Sultan mir mein Leben lässt, dann werde ich seinem Schimmel innerhalb von einem Jahr das Singen beibringen.«
Der Dieb klang so überzeugend, dass der Sultan einwilligte und antwortete: »Nun gut, so sei es! Aber wenn das Pferd in dieser Zeit nicht singen kann, werde ich dich vor den Augen des ganzen Staates hinrichten lassen.«
Der Dieb willigte lächelnd ein und verneigte sich vor dem Sultan. Als er mit dem Schimmel nach Hause kam, war seine Frau voller Sorge und fragte ihn: »Wie um Himmels willen willst du dein Versprechen einlösen?«
Der Dieb lächelte und sagte: »Mach dir keine Sorgen! Ich habe keine Angst. Und weißt du auch, warum?«
»Nein«, antwortete seine Frau erstaunt.
Daraufhin sagte er: »Im Verlauf eines Jahres kann so viel passieren: Der Sultan kann sterben, der Schimmel kann sterben oder aber er lernt singen. Was wissen wir schon, was in einem Jahr alles sein wird oder nicht sein wird.« Mit diesen Worten ging er zu dem Schimmel, sattelte ihn und machte sich fertig für einen ausgiebigen Ausritt.

 # NOBODY IS PERFECT

Wir leiden unter Verlusten, Problemen, ungelösten Fragen und wir sind unvollkommen, weil wir uns an Idealen orientieren, die von der Gesellschaft vorgegeben werden und die es in der Weise gar nicht gibt! Statt zu erkennen, dass der Traum von ewiger Jugend der Realität nicht standhält, reagieren wir mit Minderwertigkeitsgefühlen und Ängsten darauf. Wir meinen, wir wären die Verlierer, und geben uns dafür selbst die Schuld. Dann fühlen wir uns noch schlechter. Die Alternative dazu ist: Lasse fünf gerade sein und das graue Haar ein graues Haar. Richte deinen Fokus lieber auf die Dinge, die gut an dir sind!
Schreibe sie auf und genieße deine Einzigartigkeit.

Das finde ich gut an mir:

➤ _

➤ _

➤ _

MEDIENFASTEN

Verzichte am Wochenende oder im Urlaub bewusst auf die Nachrichten aus dem iPad, dem Smartphone, aus Tageszeitungen, Rundfunk und Fernsehen. Was passiert, wenn du dich nach dem Aufwachen auf deinen Atem konzentrierst anstatt auf negative Nachrichten? Wie schmeckt das Frühstück, wenn du unabgelenkt deinem Brötchen oder deinem Müsli Aufmerksamkeit schenkst?

Schreibe deine Erfahrungen auf.
Zum Beispiel: Ich spüre meinen Körper ganz bewusst und bin gleichzeitig viel entspannter. Oder: Ich habe auf einmal die schönen Dinge des Lebens wieder wahrgenommen – ein Vogelzwitschern, einen stolzen alten Baum ...

_ _

_ _

_ _

_ _

_ _

_ _

_ _

_ _

▶ Nimm dir doch künftig jeden Tag bewusst eine Auszeit vom Smartphone oder Handy. Die Mittagspause – schon das Wort sagt es eigentlich – bietet sich hierfür zumeist gut an. Du wirst sehen, wie wohltuend das sein kann.

MIT ENTSPANNUNGSMETHODEN ZU GELASSENHEIT

Viele positive Wirkungen von Yoga, Achtsamkeitsübungen und Meditation sind mittlerweile wissenschaftlich nachgewiesen. Auch dass diese Methoden zu mehr Gelassenheit führen, weiß man – vorausgesetzt, du praktizierst regelmäßig. Dadurch weitest du deinen Blick und kannst somit Ängste reduzieren.

Yoga ist mittlerweile so bekannt, dass bestimmt auch in deiner Nähe Kurse an der Volkshochschule oder in einem Yogastudio angeboten werden. Suche dir einen fundiert ausgebildeten, erfahrenen Lehrer, der dich nicht drängt, sondern dich deinen Möglichkeiten entsprechend fordert und dir zeigt, wie du am besten durch Yoga entspannen kannst. Auch Achtsamkeits- und Meditationskurse findet man an vielen Orten.

Wie fühlst du dich am Ende einer Yogastunde, nach einer Meditation oder nachdem du Achtsamkeitsübungen gemacht hast?

Wie hat sich deine Atmung dadurch verändert?

MEDITATION MIT DEN GEDANKEN

Setze dich bequem hin und achte darauf, dass die Wirbelsäule aufgerichtet ist. Konzentriere dich auf den Atem und verankere dich nach Möglichkeit gut in deinem Körper. Wenn dich eine Angst wegtragen will und du dies bemerkst, hole dich wieder zurück, indem du mit der Aufmerksamkeit beim Atem bleibst.

Sobald du bemerkst, dass ein Gedanke aufgetaucht ist, benenne ihn innerlich, zum Beispiel ganz einfach mit »Denken«. Wenn du darin geübter bist, kannst du die Gedanken auch differenzierter benennen, wie zum Beispiel mit »Grübeln« oder »Erinnern« oder »Zweifeln«.

Wenn du dich wieder in Geschichten zu den Gedanken verlierst und dies bemerkst, hole dich zur Atmung zurück, verankere dich im Körper und richte die Aufmerksamkeit so lange auf den Atem, bis du wieder einen neuen Gedanken wahrnimmst.

Praktiziere dies 10 bis 20 Minuten lang. Je regelmäßiger du diese Meditation machst, desto geübter wirst du im bewussten und achtsamen Umgang mit deinen Gedanken.

 ## DOCKE AN VORBILDER AN

Welche Menschen, die du kennst, erlebst du als frei von Ängsten? Wähle drei davon aus.

1. Name _

2. Name _

3. Name _

Sprich mit ihnen. Frage sie, wie sie dahin gekommen sind und wie sie mit Situationen, die dir Angst bereiten, umgehen würden oder umgegangen sind. Lasse dir Tipps geben und schreibe sie hier auf. Du kannst dich an diesen Menschen orientieren.

1. _

_ _

_ _

2. _

_ _

_ _

3. _

_ _

_ _

Wie das ist, wenn einer den anderen fragt, davon erzählt die folgende Geschichte:

Ein Mann suchte einen alten Weisen auf, der dafür bekannt war, frei von Angst zu sein. Er fragte den Weisen: »Wie kann ich meine Angst überwinden?«
Der antwortete: »Nimm sie nicht überallhin mit. Dann wirst du sehen, dass du auch gut ohne sie leben kannst!«
Der Mann wollte es genauer wissen und sagte: »Meister, bitte gib mir ein Beispiel.«
Der Alte erzählte folgende Geschichte: »Es gab einmal einen Kaiser, der hatte zwei Frauen. Diese beiden Frauen wurden dabei erwischt, wie sie sich mit seinen Dienern vergnügten. Das war streng untersagt. Obwohl der Kaiser seine Frauen liebte, wagte er nicht, sie ohne Weiteres zu begnadigen. Denn dann wäre er fürs Volk unglaubwürdig geworden. So fällte er folgendes Urteil: Er ließ ein starkes Tau über eine tiefe Schlucht spannen. Die beiden Frauen sollten so die Chance erhalten, über das Tau zu gehen und so entweder den Tod zu finden oder in die Freiheit zu gelangen. Die Erste balancierte sicher über die Schlucht und gelangte zur anderen Seite. Die zweite Frau rief ihr zu: ›Sag mir doch bitte, wie hast du das gemacht?‹ Die erste Frau antwortete: ›Ich habe meine Angst abgelegt und ihr versprochen, dass sie mir gern folgen könne, nachdem ich am anderen Ende angekommen bin. Darauf hat sie sich eingelassen. Und dann bin ich losgegangen und konnte mich auf jeden einzelnen Schritt konzentrieren. In dem Moment, in dem ich den Eindruck hatte, dass ich mich zu sehr nach rechts lehnte, habe ich mich wieder zur anderen Seite geneigt – und umgekehrt.‹«

ANTI-STRESS-STRATEGIEN

Wir können unser Leben nicht vollkommen kontrollieren. Krankheiten, Verluste oder dass uns bestimmte schmerzhafte Begebenheiten widerfahren – all das haben wir nicht in der Hand. Umso hilfreicher ist es, wenn wir absehbaren Stressoren achtsam begegnen.

➤ Lasse dich nicht vereinnahmen

Bevor du eine neue Aufgabe annimmst, egal ob beruflich oder privat, prüfe, ob es wirklich für dich passt.

➤ Sprich dich aus

Um Stress zu verarbeiten, ist das Gespräch immer noch die beste Methode. Rede mit Freunden, deinem Partner, deiner Partnerin oder mit deiner Familie über belastende Ereignisse. Dadurch schaffst du dir emotionale Entlastung und bist nicht allein mit deinen Gedanken.

➤ Mache dir keinen Freizeitstress

Auch hier gilt: Der mittlere Weg ist der beste. In jeder freien Minute ins Fitness-Studio hetzen, am Wochenende anstrengende Yoga-Workshops besuchen oder jeden Abend eine Verabredung tut auf Dauer keinem gut. Du verpasst nichts, wenn du einen Abend zu Hause verbringst, anstatt vor dir selbst und deinen Gefühlen davonzurennen. Entspanne dich! So findest du zu deiner inneren Ruhe zurück.

AUGEN AUF!

Diese Übung ist ganz einfach und doch sehr wirkungsvoll. Wann immer eine
Angst in dir auftaucht, kannst du sie machen.

➤ Sieh dich um. Wie oft findest du die Farbe Gelb? Sammle mindestens sieben
   verschiedene Dinge:

1. _____

2. _____

3. _____

4. _____

5. _____

6. _____

7. _____

Wo war die Angst, als du die Aufmerksamkeit auf all diese Dinge gerichtet
hast? Richtig: vorübergehend verschwunden. Und für den Fall, dass sie danach
zurückkehrt, ist sie vielleicht nicht mehr so stark wie vorher.

> **Übungsalternative** <

Selbstverständlich geht das auch mit jeder anderen Farbe. Darüber hinaus
kannst du dich genauso gut fragen: Welche Geräusche nehme ich gerade
wahr? Schreibe auch diese wieder auf, das fördert die Konzentration.

MEIN DIARY

Was hast du durch dieses Buch über deine Ängste gelernt? Was hat sich in deinem Leben geändert? Das können durchaus auch ganz kleine Dinge sein. Hier ein paar Anregungen für Fragen, die du dir stellen kannst:

• Unternimmst du mehr?
• Ist die Lebensfreude gewachsen?
• Hast du das Gefühl, dass du deine Ängste kontrollierst und nicht umgekehrt?
• Welche Angst oder welche Ängste möchtest du als Nächstes angehen?

Wenn du willst, kannst du deine Erfahrungen hier reflektieren. Mache nach ein paar Wochen eine weitere Bestandsaufnahme und später noch einmal.

 # BLEIB DRAN!

Welche Übungen waren für dich besonders hilfreich? Wenn dir eine Begründung dazu einfällt, umso besser. Schreibe sie gleich dazu.

1. _____

   _____

2. _____

   _____

3. _____

   _____

4. _____

   _____

5. _____

   _____

6. _____

   _____

7. _____

   _____

➡ Wiederhole all die Übungen, die dir guttun, so häufig wie möglich. Auf diese Weise können sich die neuronalen Verbindungen, die durch sie neu gelegt worden sind, verfestigen. Künftig wirst du in Situationen, die dir früher Angst bereitet haben, von Mal zu Mal entspannter und gelassener reagieren.

ZUM SCHLUSS

Du bist am Ende deines Übungsbuchs angekommen. Ich hoffe, du konntest mehr über dich erfahren, deine Ängste besser kennenlernen und vor allem dass sie ein wenig ihren Schrecken verloren haben. Auch wenn du einfach besser mit ihnen umgehen kannst, ist das schon ein großer Schritt nach vorn. Vielleicht hast du sogar die eine oder andere Angst ganz hinter dir gelassen.

Je öfter du dich deinen Ängsten stellst, desto mehr werden sie an Bedrohlichkeit verlieren. Du wirst früher oder später merken, dass die Ängste weniger geworden sind. Aber nicht nur das: Du wirst erkennen, dass dir viel mehr möglich ist, als du bislang vielleicht angenommen hast.

Ich wünsche dir von Herzen, dass du zu einem guten Umgang mit deinen Ängsten findest. Und dass du alles, was dir widerfährt, als Möglichkeit sehen kannst, innerlich zu wachsen und an Kraft und Stärke zu gewinnen.

ÜBER DIE AUTORIN

Doris Iding lebt und arbeitet als Seminarleiterin und Autorin im Bereich Achtsamkeit, Meditation und Yoga in München. Ihre Bücher wurden in 14 Sprachen übersetzt. Mehr über Doris Iding erfährst du hier: www.doris-iding.de

WEITERE BÜCHER VON DORIS IDING

- *Alles ist Yoga. Weisheitsgeschichten aus dem Yoga.* Schirner Verlag
- *Die Angst, der Buddha und ich.* nymphenburger Verlag
- *Barfuß Schritt für Schritt.* Windpferd Verlag
- *Der kleine Achtsamkeitscoach.* GRÄFE UND UNZER VERLAG

MEHR ZUM THEMA

- Bandelow, Borwin: *Das Angstbuch. Woher Ängste kommen und wie man sie bekämpfen kann.* Rowohlt Taschenbuch Verlag
- Batchelor, Martine: *Innere Grenzen sprengen. Verhaltensmuster verändern und Gewohnheiten loslassen.* Knaur Verlag
- Chödrön, Pema: *Geh an die Orte, die du fürchtest.* Arbor Verlag
- Emerson, David: *Trauma-Yoga. Heilung durch sorgsame Körperarbeit.* G. P. Probst Verlag
- Haimerl, Christian: *Frei von Angst und Panikattacken in zwei Schritten* (mit CD). GRÄFE UND UNZER VERLAG
- Schwarz, Aljoscha; Witzleben, Ines von: *Endlich frei von Angst* (E-Book). GRÄFE UND UNZER VERLAG
- Weiser, Regina: *Mit Yoga Lebensängste bewältigen.* Patmos Verlag

AUDIO-CDS

- Germer, Christopher; Neff, Kristin; Hölzel, Britta: *Achtsames Selbstmitgefühl. Wie man sich von destruktiven Gedanken und Gefühlen befreit.* Arbor Verlag
- Hanson, Rick; Mendius, Richard; Seele-Nyima, Claudia: *Meditationen, um das Gehirn zu verändern.* Windpferd Verlag

ÜBUNGSREGISTER

★ ★ ★ LEICHT, GEHT RUCKZUCK

★ ★ ★ MITTELSCHWER, DAUERT NICHT SO LANGE

★ ★ ★ ANSPRUCHSVOLL, BENÖTIGT ETWAS MEHR ZEIT

IMPRESSUM

© 2016 GRÄFE UND UNZER VERLAG GmbH, München
Alle Rechte vorbehalten. Nachdruck, auch auszugsweise, sowie Verbreitung durch Bild, Funk, Fernsehen und Internet, durch fotomechanische Wiedergabe, Tonträger und Datenverarbeitungssysteme jeder Art nur mit schriftlicher Genehmigung des Verlages.

Projektleitung: Claudia Böhm
Lektorat: Daniela Weise
Layout & Umschlaggestaltung:
independent Medien-Design
GmbH, Horst Moser, München
Herstellung: Renate Hutt
Satz: L42 Media Solutions Ltd., Berlin
Reproduktion: medienprinzen GmbH, München
Druck: F+W Druck- und Mediencenter, Kienberg
Bindung: Conzella, Pfarrkirchen
ISBN 978-3-8338-5230-5
1. Auflage 2016
Die GU-Homepage finden Sie unter www.gu.de

Bildnachweis
Illustrationen: www.pfau-illustrationen.de
Syndication: www.jalag-syndication.de

Wichtiger Hinweis
Die Gedanken, Methoden und Anregungen in diesem Buch stellen die Meinung bzw. Erfahrung der Verfasserin dar. Sie wurden von der Autorin nach bestem Wissen erstellt und mit größtmöglicher Sorgfalt geprüft. Sie bieten jedoch keinen Ersatz für persönlichen kompetenten Rat. Jede Leserin, jeder Leser ist für das eigene Tun und Lassen auch weiterhin selbst verantwortlich. Weder Autorin noch Verlag können für eventuelle Nachteile oder Schäden, die aus den im Buch gegebenen praktischen Hinweisen resultieren, eine Haftung übernehmen.

QUALITÄTS G|U GARANTIE

Liebe Leserin, lieber Leser,
haben wir Ihre Erwartungen erfüllt? Sind Sie mit diesem Buch zufrieden? Haben Sie weitere Fragen zu diesem Thema? Wir freuen uns auf Ihre Rückmeldung, auf Lob, Kritik und Anregungen, damit wir für Sie immer besser werden können.

GRÄFE UND UNZER Verlag
Leserservice
Postfach 86 03 13
81630 München
E-Mail:
leserservice@graefe-und-unzer.de

Telefon: 00800 / 72 37 33 33*
Telefax: 00800 / 50 12 05 44*
Mo–Do: 9.00 – 17.00 Uhr
Fr: 9.00 – 16.00 Uhr
(* gebührenfrei in D, A, CH)

Ihr GRÄFE UND UNZER Verlag
Der erste Ratgeberverlag – seit 1722.

 www.facebook.com/gu.verlag

GRÄFE UND UNZER

Ein Unternehmen der
GANSKE VERLAGSGRUPPE